JN410875

제6회 김만중문학상
시 부문 수상작

제6회 김만중문학상

시 부문 수상작

금상 · 반 셔터를 누르는 오후

은상 · 다랭이마을

책과나무

제6회

김만중문학상 시 부문

금상 수상작

반 셔터를 누르는 오후

\- 외 6편 -

정 지 윤 지음

| 목차 |

반 셔터를 누르는 오후

새가 날아간 뒤 난간만 남는다
프레임은 편의점 너머 빈 곳을 편집한다
가로수들이 슬쩍 지붕을 밀고 갈 때
난간 끝에 앉아 샷을 터뜨리는 부리들
정체된 차들이 속도를 지우고
새들은 유리창을 인화한다
방심한 자리에서 놓아버린 날숨
허기를 채우듯 빠르게 셔터를 터트린다
기웃거리지 않는 말의 밖
밀집된 소리의 안쪽에
렌즈를 들이대고 모난 틀을 짜는 그늘
둥근 풍경들은 왜 뿔을 인화해야 하는 것일까
프레임 속의 틈새는 보이지 않는다
돌아서서 등 뒤를 향해
바짝 조리개를 조이면
눈부신 역광이 얼굴을 지운다
그러나 불안은 잘 받아들여지지 않는 피사체

나무의 프레임 안으로 걸어 들어가면
접사 되는 하늘이 한껏 부풀어 오르고
구부러진 하늘을 곧게 날아가는 새들
반 셔터를 누르는 오후
나는 풍경이 아니다

▶ 반 셔터 : 카메라의 셔터를 반만 누르는 것을 말한다. 원하는 부분을 정확하게 찍기 위해 카메라 내부적으로 초점과 노출을 맞추는 시간을 주기 위함이다.

바다를 날리다

바다로 가는 언덕은 빈 채로 가득하다
느티나무 가지에 가오리연 하나 걸려 있다
맨 끝의 가지가 팽팽한 수평선을 끌어당긴다

부력을 잃은 몸이 중력보다 가벼워
바람 곁을 지나던 기억은
긴 꼬리를 너울거리며 밖으로 날아간다

바다가 납작해지도록 밀고 또 민다
소금이 될 때까지
근육 없이 태어나는 출렁임
이빨 사이에서 짠 풍경들이 씹힌다

구름이 수평의 한끝을 급하게 끌어당기고
가지는 멀어지는 수평에 가닿지 못한다
화해를 모르는 나는 돌아갈 곳을 몰라
자꾸 뻘밭이 끌어당기는 힘을 왜곡한다

수평선을 접어 주름을 잡다 보면
어디가 앞이고 뒤인지
등 뒤로 전송되는 바닷가
철탑 너머엔 거부할 수 없는
중력이 쌓인다

파도가 일 때마다 끌려오는 수평선
날개는 바람의 안쪽을 펄럭인다
어깨가 기울 때마다 가지에 걸린
연의 아가미가 들썩인다

잎 진 나뭇가지
그물에 걸린 새 소리 하나
온몸으로 날아오른다

다음 이야기가 잘 떠오르지 않는 봄날

목련, 꽃을 떨군다
꽃이 사라진 나무를 바라보니
다음 이야기가 생각나지 않는다

이름을 지운 살구나무가
낯선 얼굴로 서 있다

단편처럼 짧은 날들
몇 줄로 요약되는 햇살
다음 이야기가 잘 떠오르지 않는다

꽃잎, 깨진 물 너머가
보이지 않는다

지고 난 자리
다음을 생각해 보지 않았다
다만 꽃잎을 세느라

오고 간 기억은 없다
흘러가는 물은
내일이 오늘 같아서
반짝이며 출링거린나

나는 조금씩 떠오르지 않는다

귀로 찍은 새 한 마리

새가 지저귄다 소리를 향해
셔터를 누른다

낚아챈 바람이 빠르게 접혔다 펴진다
흔적 없는 하늘 속의 주름

렌즈의 아가미가 퍼덕거린다
솟구쳐 올랐다 빙글 제자리로
돌아서는 허공

언제나 형상들은 역전된다

새들이 떠난 직후
빠르게 굳어가는 흙터는
결정적 순간, 눈먼 사진가의 귀가 끌어당기는
눈의 내부가 환하다

덧난 창의 안과 밖을
동시에 복구하는 새들의 울음소리

찌그러진 깡통 위로 깃털이 스쳐 간다
신경이 부풀어 오른다

귀로 찍은 새 한 마리
나는 프레임 밖에서 소리를 줌인(zoom in)한다

새는 빠르게
셔터 밖으로 날아간다

소리가 귓가에 이르는 순간
너는 나에게 가득 차오른다

헌화가, 2014

목이 늘어나고 깃이 꺾인 옷들을
세탁소에 맡기는 사이
구름 기둥이 흔들리기 시작했다

어깨 위에서 서쪽 난간이
주르륵 미끄러질 때 나는
학교 담장 곁을 걸어간다

굳은 손목을 푸는 동안
누가 저 꽃을 꺾어줄까

까치는 더 높이 집을 짓고 노모는
비가 올 것을 안다

내 원피스는 더 낮은 곳까지
허리를 굽힐 거야
하이힐들이 먼 곳을 발돋움할 때

나는 무거운 가방을 풀어놓는다
꽃을 사러 가야지

모자를 쓴 오빠들이 춤을 추며 부서져 내리고
알긴 알았어
또, 떠나는 라일락의 흔적
크게 내가 하품을 하는 동안

이유 없이 묻혀버린 고삐들
왜 하필 흙 묻은 쪽이었을까
소가 된 흙의 그림자는
축축할 거야

밖에서 주인 없는 옷들이 혼자서 말라간다

칠보七寶 나비

날개 위에 얹혀 있는 칠보 하늘
끊긴 길들이 반짝인다

나비들이 자물쇠를 뚫고
등나무 사이로 독촉장을 업고 온다

붉은 벽돌로 눌러놓았던 문서들이
빗줄기 사이로 흘러내린다

구름이 덩치를 키우는 늦여름
원하는 것들은 왜 다 벽 뒤에 숨어있는지

참을 수 없는 가려움이
모기향 근처로 모여든다

날개를 꼬아 지지대를 만드는 등나무들이
어깨 위에 발자국을 얹어놓는다

엉킨 길들이

나비를 풀어놓고 있다

칠보 하늘이 날아오른다

겨울과 봄의 테이블

달그락, 이탈한
감정을 다시금 제자리에 놓을 때

새처럼 허공을 접으며 날아오는 너

레시피대로 만든 우리들
적당히 따뜻하고
적당히 끊어지는 스파게티

너와 이야기를 하는 동안
비파나무 열매 노랗게 익어간다

'침묵은 너무나 정확해
너와 나
저울에 달아봤더니 모두가 모자라더라'*
겨울 레시피에 연극대사를 끼워넣는다

너와 나누던 빵은
속이 텅 비어 더 많아졌다

커피향이 사라질 쯤이면 네게
건너올 손도 단단해 지겠지

레시피도 없이
네가 질 때마다
겨울이 두렵지 않다

눈이 내린다
북쪽으로
아픈 사람이 돌아눕는다

내일은 아프지 말자

▶ 연극 〈레드〉 대사 중에서

제6회
김만중문학상 시 부문
은상 수상작

다랭이마을

– 외 13편 –

임 채 성 지음

| 목차 |

다랭이마을

– 바래길 유배기행 · 1

얼마를 더 올라가야 하늘에 가 닿을까
일백여덟 계단 위에 백팔층탑 쌓아 봐도
여전히 아득하여라,
앞도 뒤도
아찔
단애

우리네 어제오늘도 그러구러 허튼층쌓기
가파른 생의 제단 막돌 한 장 올려놓고
온몸에 주름이 잡힌 파도소리나 듣는 것

천둥지기 다랑논을 한 발 한 발 톺아가다
지층의 나이테를 제 몸에 새긴 사람들
팽나무 늙은 가지가
밥무덤*에
절을 한다

* 동제(洞祭)를 지낸 후 제삿밥을 묻어두는 구덩이.

구인몽九人夢

– 바래길 유배기행 · 2

열구름 탑을 쌓는 남해 호구산 용문사에
감물 든 옷을 입고 머리마저 깎은 이들
산 밑은 그냥 꿈일래, 오도송을 외고 있다

1. 양소유楊少游

산도, 들도 한 백년쯤
거스러미가 일다 보면
비단 폭에 싸인 시간 발치께 머무를까
산문 앞 아지랑이도 가늠 못할 그런 날

웃음소리 커질수록 궁그는 작은 가슴
무너진 언덕 밟고 바라보는 너른 벌엔
달빛만 안개에 싸여
시든 풀을 적신다

2. 정경패鄭瓊貝

느닷없이 휘몰아친 그건 바람 바람이다
놀 내린 어느 규방 허술한 돌담 넘어
둥기둥 가락을 타고 울려오던 소야곡小夜曲
디딜수록 빠져드는 상사相思의 늪을 건너
외기러기 울음 따라 부여잡던 숱한 풍문
여섯 줄 궁상각치우 계면조를 다독인다

3. 이소화李簫和

메밀꽃 수평 적신 화엄의 바다 저편
서늘한 가슴골에 젖어드는 퉁소소리
푸른 볏 두루미 한 쌍 뜰아래 춤을 춘다

목어의 게송인 듯 바윗돌의 울음인 듯
손가락 마디마다 뒤척이는 꿈을 짚고

가을도 불심지 돋워 산 하나를 태운다

4. 진채봉秦彩鳳
이른 봄 꽃샘바람 명주적삼 파고들 때
베갯잇에 자라나는 희디 흰 얼굴 하나
교교한 달빛을 엮어 시를 쓴다,
치마폭에

비바람 눈보라도 꺾지 못한 푸른 버들
휘늘어진 가지마다 붉은 댕기 묶어놓고
그 댕기 하얘지도록 지지 않는
목련송이

5. 가춘운賈春雲
고개 들면 눈앞은 늘, 그늘진 숲이었다

무젖은 손을 닦고 돌아보는 두 눈가엔
쨍! 하는
동살에 눈뜬
동박새 홰를 치고,

맥놀이 가슴처럼 작은 심장 파닥이면
부지깽이 내던지며 정짓문 박차고 나와
활갯짓,
활갯짓한다
갯메꽃 분홍 망울

6. 계섬월桂蟾月
보름달 속 계수나무 누가 먼저 찍어낼까
금도끼 버려둔 채 붓방아만 찧는 사내
오늘은 그에게 가서 술 한 잔을 따른다

손깍지로 퍼져가는 체온과 체온 사이
꽃잠 든 머리맡을 훑고 가는 바람 앞에
뜨거운 돌가시나무 꽃을 함빡 터트린다

7. 적경홍狄驚鴻
오랜 동무 보러 갔다 사내를 붙든 여인
지초 난초 향을 뿜는 언약의 벼릿줄을
잘 벼린 보검으로도
선뜻 끊지 못하고

트레머리 풀어헤친 산비탈 쑥대처럼
온 천지 불티 날리며 진홍으로 타는 노을
벗어라, 떨잠의 굴레
고름 풀 듯
고삐 풀 듯

8. 심요연沈姚烟

히말라야 찔레꽃은 가시에도 멍이 드나
빙점의 슬픔이든, 비등점의 절망이든
남몰래 그리는 봄별 마디마디 새겨 넣고

피 흘리며 품어야 할 두메 꽃은 더 아프다
모반의 검은 가시 뭉툭 꺾는 손길처럼
그 사내 눈빛에 녹는 눈송이고 싶어라

9. 백능파白凌波

안과 밖 그 어름에 실선 하나 긋고 살다
벽이 아닌 문을 열고 지상에 찍은 발자국
물과 뭍 합환의 술잔,
앵강만이 출렁인다

용궁으로 가는 길은 봇도랑에 묻어놓고

앙가슴 꼭꼭 여민 팔 빗장 풀고 보면
지상은 활짝 핀 연밭,
꽃둘레가 환하다

노도 가는 길

– 바래길 유배일기 · 3

속은 다 비웠으나 미늘만은 벗지 못한
덕장 위 가자미의 눈자위가 짓물러있다
연꽃 빛 아침노을에 사픗 젖는 파도소리

서해에서 잉태되어 남해를 떠돌다 간
적소의 죽담 속에 제 이름을 묻고 있던
한 사내 벌떡 일어나 다시 붓을 잡는다

억새풀 날 선 잎이 빈 하늘을 겨냥하고
먼 옛적 자모들이 시나위로 일떠설 때
등판에 비늘이 돋쳐 좌현으로 기우는 바다

솔숲에 이는 바람 나무깽이 꾸짖으면
선잠 깬 개어귀에 산 그림자 어른대고
햇살은 가시 그물을 물속 깊이 드리운다

어부의 등허리는 늘 바다로 굽어 있다

쪽배는 뒤뚱대며 물마루를 타고 넘고
어느새 하산을 했나,
민머리의 숭어 떼

지난겨울 무서리도 꺾지 못한 생각 하나
봄볕에 달뜬 물결 몽돌 밭을 데우는데
또 누가 삽짝을 열고 사모곡을 쓰는지

어제인 듯 돌아보면 떠오르는 만삭 여인
멀미 앓는 세상 앞에 스란치마 펼쳐놓고
한사리 밀물과 썰물 양수로 쏟아낸다

구름 따라 좇아간다, 해와 달 그 흐름을
헛꽃만 발기하는 땅 소낙비로 씻고 씻다
헤식은 유년의 날들 닥종이에 찍으며

잠 못 든 새벽이면 가슴을 치던 파도

수많은 별 떨기가 모래펄에 부서지고
갈매기 목쉰 울음이 토방 안에 흥건했다

봄은 늘 더디 왔다, 봉인도 풀지 않고
앵강만 도다리처럼 구들에 배를 깔면
뭍 소식 더욱 애달파 말꼬리도 흐려졌다

엉얼대는 목젖 풀어 두름 엮듯 시를 쓴다
낚대 끝에 휘청 하던 팽팽한 물살처럼
삶이란 일장춘몽이라 껄껄 웃던 그 사내

오백 년 상소에도 적소는 천리 바깥
탱자 울안 몰래 심은 유자는 시들었고
귀 닳은 바람소리만 빈 사립을 지킨다

방 한 칸 부엌 한 칸 터만 남은 띳집 향해
몸을 낮춰 모여드는 상처뿐인 풀과 꽃들

언젠간 돌아갈 뱃길 잎맥마다 그려놓고

아침저녁 생피 듣는 삿갓 쓴 유형의 땅
무젖은 구름들이 자백실하며 흘러가도
육필의 발자국 하나 정자체로 남아있다

섬과 섬 잇댄 바다 푸른 혼불 번듯 일 때
옛 사내 자취 톺아 홀로 선 선창가에서
혁명을 고풀이 하듯
잔술 한 잔 따르고 싶다

노도에서

– 바래길 유배기행 · 4

얼마나 사무치면 하늘도 머리를 풀까
헝클어진 빗줄기가 목 놓아 울부짖는
삿갓 쓴 적소에 들면 눈자위가 뜨거워진다

수평선이 길을 막는 위리안치 섬 기슭엔
붓끝에 홰를 달던 옛 사내 자취인 양
동백꽃 붉은 송이가 등대처럼 환하다

봇짐 속에 꿈을 묻고 난바다 건너와서
어머니 눈썹 같은 달을 보며 울던 사내
지그시 눈을 감으면 그 소리 담을 넘고

얽히고 헝클어져 기우뚱한 길과 길들
찢겨진 책장처럼 건사 못한 건다짐도
한 줄기 죽비소리로 잠든 섬을 깨운다

무시로 이는 파도 벼루 속에 재워 놓고

먹빛의 바다 위에 적바림하던 핏빛 상소
구름 낀 가슴을 열어 남정기南征記를 다시 쓴다

아버지의 바다

– 바래길 유배기행 · 5

까치놀 든 수평선은 낯술 젖은 아버지다
휘적대는 걸음걸이 주름진 얼굴에도
만선 꿈 부푼 배들을 말없이 안아주는,

그런 날 바다 속에 그물을 던지다보면
열 길 물속은 알아도
한 길 사람 속 모른다던
그 옛날 아버지 말씀 벼릿줄을 당긴다

봄여름 가을겨울 다도해를 손금 보듯
후릿그물 걸그물로
멸치 전어 잡아 봐도
아버지 한 길 바다는 좀체 알 수 없었다

아버지 나이쯤서 가늠하는 아버지 속
나 같은 고기들이 거긴 아직 살 것 같아
내 안의 쓰레그물은 끝내 풀지 못한다

사설 화전별곡花田別曲*

– 바래길 유배기행 · 6

〈제1장〉

물안개 핀 하늘 가녘 신선의 섬이 있네

왼쪽에는 망운산 오른쪽엔 비단 금산 그 사이로 봉내 고내 바다로 흘러들고 상록 숲과 맑은 물빛 호걸남아 요람인 듯 천상 선계仙界 펼쳐놓은 이런 경치 또 있을까, 술잔에 시를 띄운 한 떼의 여인들과 더불어 모여들던 한때의 글벗들이

오늘 또 나를 보태서 만인보萬人譜를 새로 쓰네

〈제2장〉

치자 빛 허리띠의 촌로들과 벼슬아치

너털웃음 주고받다 먹고 마시는 중에 누구는 강론하고 누구는 이야기하며 누구는 코를 골며 발칫잠도 자거니와

수령방백 선비한량 품계 없이 어우러진 햇살 좋은 봄날 오후 그 술청 얼싸 좋고

노래로 풍월을 읊는 그 경치 또, 어떠한가

〈제3장〉

꽃과 꽃 숲을 이룬 풍치 운치 그만일세

서옥비는 흑단 같고 고옥비는 백설 같네 큰 은덕 농염하고 작은 은덕 요염하다 강금이 노래와 춤 녹금이의 장고소리 활짝 핀 학비와 그보다 못한 옥지라도 화전花田이란 남해 별칭 실제 꽃밭 같을진대 저마다의 화용월태花容月態 뽐내는 꽃들 앞에

바윗돌 군센 지조도 여기 와서 끊어지네

〈제4장〉

글줄로 노래하면 풀피리로 화답하네

소반과 바릿대를 북채처럼 두드리며 다 비운 산대 들어 사이사이 박을 친다 머리를 흔들거나 몸을 섞는 취흥 속에 꽃이 피듯 잎이 벌듯 햇살도 달아오르고 스라렝딩 스라렝딩 거문고에 실린 봄날

그 곡조 가슴을 돌아 꿈결 속을 휘도네

〈제5장〉

밀 익는 밭머리마다 누룩 향이 피어나네

녹파주綠波酒 국화주에 맥주 탁주 소주까지 술이란 술 유자 잔에 넘치도록 따라놓고 금빛 닭과 붉은 문어 삶고 찐 안주에다 권커니 잣커니 주고받는 눈인사에 먼 산이

다가오고 난바다도 춤추는데

이토록 아름다운 땅 젖을 날이 있을까

〈제6장〉

서울 살이 부럽단 말 여기서는 부질없다

오방색 진사辰砂 단청 새로 입힌 솟을대문 그 안의 술과 고기 무에 그리 배부를까, 돌너덜에 엮어놓은 한 칸 띳집 마루라도 온화한 사계절 속 오곡백과 풍성하면

이곳이 세상의 중심, 곧 서울 아니겠나

* 자암(自庵) 김구(金絿)의 경기체가 「화전별곡(花田別曲)」을 '사설시조'로 재구성.

지족해협 죽방렴

– 바래길 유배기행 · 7

적소의 아침 위로 배 한 척을 띄운다
꿈의 그물 홀로 깁던 옛 사내 떠올리면
바람의 기침소리가 파도로 이는 해협

살아서는 깨지 못한 백일몽의 시간들
갈수록 좁아지는 위리안치 물목에는
참나무 굵은 말뚝이 옥졸처럼 서 있다

새봄이 돌아오면 저 둥치도 싹이 틀까
날마다 파옥에 지쳐 흐느끼는 까치놀
수평선 끌어당기면 물소리만 흥건하다

돌아갈 길 열어놓은 한사리 밀물썰물
바다로 막혔다는 건 바다가 곧 길이라며
갓 건진 섬 사투리가 뭍을 향해 일어선다

창선도

– 바래길 유배기행 · 8

겨울에도 곰솔 숲은 우듬지를 부풀린다
까닭 없이 젖어있는 무녀리 누이처럼
뒤돌아 얼굴 붉히며 동백꽃만 피우는 섬

작부의 입술 같은 오종종한 그 꽃잎들
물오른 이파리마다 붉은 상소 띄워놓고
뭍 소식 바람 앞에선 치마끈도 슬쩍 풀며,

파도소리 가둬 놓은 위리안치 탱자 울엔
고춧가루 서 말 먹고 물밑 백 리 헤엄치던
아버지 각진 주름이 나이테를 부풀린다

삼월엔 까치가 울까, 연륙교로 여는 뱃길
물때썰때 기다리는 그렁한 눈빛으로
진지리* 초록 잎들이 남정기를 쓰고 있다

* 바닷물에 완전히 잠겨서 자라는 식물인 잘피(seagrass)의 남해 토박이말

동대만 고사리밭

– 바래길 유배기행 · 9

시나브로 차진 햇살 고사리가 먼저 안다
우듬지 비늘잎을 조막손처럼 세워 들고
찬바람 눅어진 하늘에
상소문을 적는 섬

살아선 못 뜬 세월 언저리도 삭고 삭아
다 해진 삿갓 하나 물마루에 얹어 둔 채
긴긴 날 감춰온 속내
좀체 뵈지 않는다

구름 둥둥 뭉쳐 뜨면 잔물결 이는 언덕
앉은뱅이 제비꽃만 뭍을 향해 엎드린다
누천년 유형의 때를
바람결에 씻으며

수양산*에 뼈를 묻은 옛사람은 간 데 없고
주인 잃은 야사들만 바람 속을 떠도는 날

역사도 하룻밤 꿈인가

갈매기가 낄낄댄다

* 은나라를 치려는 주나라 무왕(武王)을 말리던
백이숙제(伯夷叔齊)가 고사리를 캐 먹으며 숨어 살던 곳.

수틀 위의 바다

– 바래길 유배기행 · 10

팽팽하게 펼쳐놓은 감파란 무명 한 쪽
풀 먹인 솔기 같은 솔수펑이 그늘막에
섬 억새 마른 대궁이 고개를 꺾고 있다

자투리 감침질에 재갈매기 높이 날고
푸서 자락 잘라내면 파도소리 잦아든다
성근 올 한 땀 한 땀에 별이 뜨는 관음포

오색 당사 누비로도 못 꿰맨 흉은 남아
먼 새쪽 바닷길로 얼비치는 적조의 띠
바늘귀 지난 바람이 노량으로 치닫는다

이울고 잔술 한 잔 고수레로 풀어놓고
들고 나는 고깃배가 다림질 마칠 즈음
초승 빛 칼 한 자루가 산마루에 걸린다

망운산 노을

– 바래길 유배기행 · 11

홀로되신 어머니를 또 다시 홀로 두고
목책 두른 수레 타고 섬으로 들어온 날
하늘도 낯을 가리고
큰 소리로 울었다

답장 없는 기다림은 탱자보다 시고 쓰다
머나먼 서울 천 리 해와 달도 등을 지고
섬은 또 파도에 갇혀
오도 가도 못한다

수없는 자맥질에도 닿을 수 없는 포구
까맣게 먹물 든 속 한지 위에 풀어낼 때
산정은 제 살을 찢어
피를 뚝뚝 떨군다

꽃들은 지우려 했고 풀들은 품으려 했던
격랑의 불길 속에 기꺼이 저를 던진

한 사내 거친 숨결이

산비탈을 오른다

금산 사계

– 바래길 유배기행 · 12

〈봄, 조릿대〉

파도소리 엷어질수록 숲은 더 술렁인다
건듯 부는 바람에도 궐기하는 수만 댓잎
무너진 봉수대 위로 함성처럼 구름이 인다

온 곳 모를 소문들이 가지에 내걸릴 때
매의 눈 그려 넣고 적진 날던 그 방패연
임진란 대첩의 기록 마디마디 돋아난다

〈여름, 쌍홍문〉

한 천년 소리치면 막힌 혈도 뚫릴까
꼬리 긴 메아리가 똬리 틀고 들앉은 굴
보리암 청동물고기 귓전에서 맴을 돈다

궁근 속 다 비운 채 덩그러니 뼈만 남은
바윗돌 제단 위에 향 하나를 사를 때

세존도 화엄바다에 닻을 내린 돌배 한 척

〈가을, 부리암〉

단청 빛 물이 드는 메숲진 솔밭 어귀
맞배지붕 용마루엔 꼬마구름 졸고 있다
화들짝, 죽비소리에 흩어지는 가랑잎들

갓 틔운 마음 귀엔 멧새도 말문 열고
손아귀 움켜쥔 것 이제 그만 놓으란 듯
바람도 생각을 접고 법당 뜰을 쓸고 간다

〈겨울, 봉수대〉

한갓진 가슴에도 불씨 아직 살아 있다
길 없는 길을 더듬어 다다른 자오선 위
하얗게 재가 되려는 저 눈꽃들을 보아라

허구한 긴긴 밤을 봇돌 괴어 탑을 쌓고
산 위에 우뚝 서서 또 산이 된 사람들
화르르, 제 몸을 살라 어둠별로 떠오른다

왕지*의 봄

– 바래길 유배기행 · 13

난, 분, 분
왕벚 꽃잎 흐드러진 마을 안길
겨울의 봉인을 푼 무도회가 한창이다
수줍게 볼 붉힌 봄이
3박자에 실려 간다

새침한 듯 돌아서는
앙증맞은 계절 앞에
또 누가 바쁜 걸음 카메라에 담고 있나
갓 돋은 애채 사이로 인화되는
저 춤사위

이런 날은 샛바람도 생피가 끓는 걸까
연분홍 치맛자락 슬몃슬몃 희롱하다
멋쩍게 등을 보이며 달아나는 걸 보면

열매가 맺히려는지

보굿이 뜨거워진다

시든 내 떨켜에도 잎눈 하나 새로 돋고
잘 익은 버찌 한 알이
서산마루에 매달린다

* 벚꽃으로 유명한 남해군 설천면 왕지마을.

물건리 푸조나무

– 바래길 유배기행 · 14

된하늬도 여기 와선 스르르 무릎 꿇네
몽돌해안 방조어부림 너울 치듯 파도가 일면
동 트는 수평선 위로
기지개 켜는 나무들

메밀꽃 핀 난바다에 파도소리 드높아도
쉼 없이 튀는 보라 온몸으로 막아선 채
개어귀 통통배 향해
가끔 손을 흔들며

독일마을 처마 끝에 둥지 튼 제비들이
들려주는 이역 소식 느꺼워 목멘 날은
잘 여문 까만 열매를
윤슬에 띄워 보낸다

제6회 김만중문학상 시 부문 심사평

모두 네 분의 심사위원이 253명이 보낸 2176편의 시와 시조를 돌려 읽었다. 그 편수로 보나 작품의 수준으로 보나 이즈음 남해의 가을 들녘만큼이나 풍성했다. 심사장은 긴장으로 팽팽했다. 서포 김만중 선생의 문학 세계와 그 정신을 기리는 문학상이라는 점을 의식한 투고자가 많아서 그의 삶과 유배를 다룬 작품이 적지 않았다. 그러나 공모 안내문에 '주제는 자유'라고 명기한 만큼 거기에 특별히 가산점을 주지는 않았다. 특별히 '유배'에 제제를 한정하지 않더라도 우리말로 쓰인, 좋은 문학은 김만중의 문학 세계와 정신에 마땅히 부합하기도 할 것이다.

심사위원들이 미리 읽고 와서 논의에 붙인 작품은 20여 편이었는데, 순차적으로 다음 두 가지 경향을 띤 작품들이 젖혀졌다. 이미 익숙하거나 식상한 관념이나 표현에 의해 작자 자신의 목소리가 묻히거나, 낱낱의 표현에 집착한 나머지 파편적으로는 빛날지 모르지만, 그 작위적인 표현들 속에 역시 작자 자신의 호흡과 리듬이 갇힌 경우이다. 특히 시조는 그 정형성에 갇혀 그 작품만이 가진 내재적 리듬과 개성적 울림을 길어 올리지 못한 점이 아쉬웠다. 마지막까지 심사위원들 앞에 놓인 작품은 시에서 〈반 셔터를 누르는 오후〉 외, 〈울음의 냄새〉 외, 〈국지성 폭염-산책〉 외였으며, 시조에서 〈다랭이마을〉 외, 〈석년石年을 읽다〉 외였다. 심사위원들은 작자 자신의 목소리를 가지면서 그 표현과 호흡에서 유연함을 보여준 작품이 선정되는데 동의했다. 시와 시조의 두 분야로 응모된 까닭에 각 분야에 고루 배려하지 않을 수 없는 것이 심사위원들로서는 애석했다.

끝으로 김만중문학상이 그 연륜만큼 해를 거듭할수록 그 제재나 시의식에서 더 자유롭고 개성적인 작품들이 더 많이 투고되기를 바라는 마음이 적지 않았다.

심사위원: 안도현, 장옥관, 장철문, 이처기

제6회 김만중문학상 시 부문 수상작

금상 · 반 셔터를 누르는 오후

은상 · 다랭이마을

초판 1쇄 인쇄일 2016년 1월 10일
초판 1쇄 발행일 2016년 1월 15일

지은이 정지윤 · 임채성
저작권자 남해군 · 김만중문학상운영위원회
펴낸이 양옥매
디자인 이윤경
교 정 조준경

펴낸곳 도서출판 책과나무
출판등록 제2012-000376
주소 서울특별시 마포구 월드컵북로 44길 37 천지빌딩 3층
대표전화 02.372.1537 **팩스** 02.372.1538
이메일 booknamu2007@naver.com
홈페이지 www.booknamu.com

ISBN 979-11-5776-148-7(03810)

이 도서의 국립중앙도서관 출판시도서목록(CIP)은 서지정보유통지원 시스템 홈페이지(http://seoji.nl.go.kr)와 국가자료공동목록시스템 (http://www.nl.go.kr/kolisnet)에서 이용하실 수 있습니다.
(CIP제어번호 : CIP2016000302)